글 이주향

마음을 잘 다스리면 커다란 힘을 얻을 수 있다고 생각하는 철학자 선생님입니다. 어렵고 이해하기 힘든 철학에 쉽게 다가갈 수 있도록 영화와 만화, 문학과 고전 등을 이용해 강의하고 책을 쓰고 있습니다. 독서와 글쓰기, 명상과 만남으로 이루어지는 일상에서 질문하고 대답하고 느끼며 삶의 의미를 찾아가고 있답니다. KBS TV 〈TV 책방〉, EBS 〈철학 에세이〉, KBS 제1라디오 〈이주향의 책마을 산책〉, 〈이주향의 문화포커스〉, 〈이주향의 인문학 산책〉 등의 프로그램을 진행했고, 한국니체학회 회장, 한국철학회 부회장을 역임했습니다. 지은 책으로 《그림 너머 그대에게》, 《나를 만나는 시간》, 《그리스 신화, 내 마음의 12별》, 《이주향의 삼국유사, 이 땅의 기억》 등이 있으며 현재 수원대학교에서 철학을 강의하고 있습니다.

그림 윤소정

일상에서 발견한 아름다움을 글과 그림으로 기록하는 그림 작가입니다. 매일 '보물찾기'하듯이 살고 있는데요. 지금까지 찾은 보물 중에는 어린이, 햇살, 꽃과 나무, 새가 제일 많습니다. '어린이 친구들은 어떤 보물을 찾았을까?' 늘 궁금합니다.

나는 내 마음이 궁금해

글 이주향
그림 윤소정

초판 1쇄 발행 2022년 4월 18일

펴낸이 신난향 **편집위원** 박영배 **펴낸곳** (주)맥스교육(상수리)
출판등록 2011년 8월 17일(제321-2011-000157호)
주소 경기도 성남시 분당구 정자일로156번길 12, 타임브릿지 1503호
대표전화 02-589-5133 **팩스** 02-589-5088
홈페이지 www.maxedu.co.kr **블로그** blog.naver.com/sangsuri_i
책임편집 김소연 **디자인** 이지안
영업·마케팅 백민열 **경영지원** 장주열

ISBN 979-11-5571-899-5 73190

* 이 책의 내용을 일부 또는 전부를 재사용하려면 반드시 (주)맥스교육(상수리)의 동의를 얻어야 합니다.
* 잘못된 책은 구입한 곳에서 바꾸어 드립니다.

어린이제품안전특별법에 의한 제품 표시
제조자명 (주)맥스교육(상수리) \ **제조국** 대한민국 \ **제조년월** 2022년 4월 \ **사용연령** 만 7세 이상 어린이 제품

철학자 이주향 선생님이 들려주는 마음 이야기

나는 내 마음이 궁금해

[작가의 말]

'어린 나'를 만나다

마음은 얻을 수도 없고 정의할 수도 없는 것이지만, 우리를 움직이는 중심의 힘입니다.

삶은 마음의 장난입니다. 특히 장난질을 좋아하는 감정들이 있습니다. 사랑과 미움, 뽐내는 마음과 박탈감, 질투심과 시기심, 기쁨과 환희, 우울과 불안 등등, 이런 감정들은 하나님이 세상을 창조한 것처럼 내 세상을 창조합니다. 감정의 장난에 놀아나면 마음은 종종 들뜨거나 황폐해지는데, 문제는 우리가 자주 마음의 장난에 놀아난다는 거지요.

아홉 살 때였던 것 같습니다. 그때 내게는 강아지 '루비'가 있었

습니다. 한쪽 눈이 검은 흰 강아지였습니다. 루비는 어찌 알았는지 내가 학교에서 돌아올 때면 언제나 마을 입구까지 나를 마중 나왔습니다. 그때는 서울에서도 강아지를 묶어 놓지 않고 키웠던 것 같습니다. 거의 매일, 루비와 함께, 루비를 따라 온 동네를 뛰어다녔던 기억, 아마 그것이 지금도 내가 〈플랜더스의 개〉를 좋아하는 이유일 겁니다. 기억의 왜곡일까요, 개도 사람도 자유로웠던 시절이었다고 느낍니다.

그런데 어느 날 루비가 마중을 나오지 않은 겁니다. 집에 돌아와 보니 루비는 없었습니다. 내 의사와 상관없이 시골로 보내진 것입니다. 눈물이 멈추지 않았습니다. 통곡을 했던 것도 같습니다. 어머니는 우는 나를 모르는 척 그대로 뒀습니다. 나는 아버지가 돌아왔을 때도 울고 있었습니다. 그런 나를 보고 아버지는 화를 내셨습니다.

아마 아버지도 나를 달래다 달래다 화를 내신 것이겠지요? 그러나 내 기억 속엔 나를 달랬던 아버지는 없고, 화를 내신 아버

지만 있습니다. 뚝! 화난 얼굴로, 나를 향해 뚝! 하는 아버지, 나는 내 감정을 안으로 밀어넣고 눈물을 그쳐야 했습니다. 그러나 울체된 눈물은 쉽게 그쳐지지 않았습니다. 거듭되는 아버지의 뚝, 소리! 체한 울음, 지옥이었습니다. 그때 처음으로 나는 아버지가 무섭다고 느꼈고, 그 이후 아버지를 두려워했습니다. 나는 아직도 그때 제대로 흘리지 못했던 눈물을 기억합니다.

그 두려움이 오랫동안 내 마음에 집을 짓고 살았습니다. 아예 내 마음에 집을 짓고 사는 감정들이 있지요? 대부분은 어린 시절 '나'를 돌봐 주었던 어른들과의 관계에서 생긴 익숙한 감정들입니다. 그 감정들은 나도 모르는 사이 마음밭에 씨앗으로 박혀 있다가 작은 외부 자극에도 쑥, 크게 자라나, 순식간에 내 마음 전체를 물들입니다. 나를 뒤흔들며 내 삶의 무늬를 만들거나 삶의 길에 장애를 만듭니다.
나는《나는 내 마음이 궁금해》를 쓰면서 그때 다 울지 못했던

'어린 나'를 만났습니다. 그리고 그때 인사도 없이 떠났던 루비를, 그리고 그때 아이를 달래 주는 방법이 서툴렀던 아버지를 놓아주었습니다.

우리는 느낍니다. 당연히 내 것이라 생각했던 것을 빼앗겼을 때 고통을 느끼고, 사랑받고 싶은 마음이 충족이 안되면 분노 혹은 슬픔을 느낍니다. 마음에 드는 것이 있을 때는 가지고 싶은 욕망을 느끼고, 싫은데 함께 살아야 할 때는 미움을 느낍니다. 문득문득 두려움을 느끼고, 쓸쓸함을 느끼고, 허기를 느끼고, 불안을 느끼고, 꿈을 꾸기도 하지요. 때때로 기쁨을 느끼고, 행복을 느끼기도 합니다.

그 느낌은 마음이 나에게 보내는 신호입니다. 얼마나 아픈지, 얼마나 슬픈지, 얼마나 억울한지, 얼마나 안타까운지, 얼마나 무서운지를 누구보다도 내 자신에게, 그리고 내가 믿을 수 있는 그대에게 보내는 마음의 신호입니다.

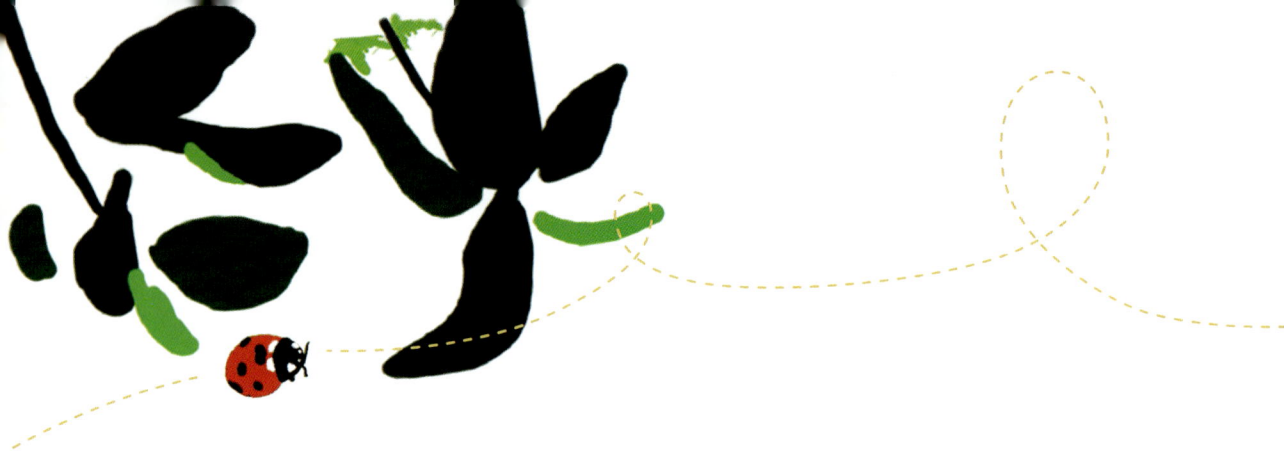

그런 감정들을 무시한다고 해서 감정들이 사라지는 것은 아닙니다. 어느 날, 별 거 아닌 사건에도 홍수가 되어 '나'를 덮치고, 주변을 덮칩니다. 감정을 감추고 참고 억누르는 시간이 길고 길었어도 홍수가 된 감정이 내 세상을 폐허로 만드는 것은 순식간입니다.
내가 느끼는 감정을 무시하지 말고 귀 기울여야 합니다. 감정이 보내는 신호에 귀 기울이면 감정에 휘둘리는 것이 아니라 오히려 마음에 힘이 생깁니다.

내게 닥치는 감정의 방문을 막을 수는 없겠습니다. 막을 필요도 없고요. 감정이 억압되면 마침내 폭발해서 내 마음을, 내 삶을 한순간에 날려버립니다. 감정들이 와서 실컷 놀게 하세요. 그러나 그들이 내 마음에 집을 짓게 할 필요는 없습니다. 내 집이니까요. 그를 위해 여러분은 그 감정들을 돌보는 어머니, 혹은 초록선생이어야 합니다. 초록은 부활의 색, 생명의 색이지요. 들

고나면서 일어나고 사라지는 감정들을 인지하는 시선이 여러분 안에 있습니다. 에픽테투스의 말대로 슬픔은 슬픔대로 오게 하고, 기쁨은 기쁨대로 가게 할 수 있는 힘, 그것이 마음의 중심, 초록선생입니다. 그것이 여러분 마음속에 있는 방의 분위기를 만드는 방 자체이기를!

사람들은 묘묘의 초록선생을 나라고 생각할 것입니다. 아닙니다. 물론 초록선생은 내 안에도 있습니다. 그녀는 우리를 위로하는 생명의 형상이니까요. 만약 초록선생이 현실의 누구를 닮았다면 그 선생은 나보다는 '마음 공부'를 하는 힘으로 두 아이를 키우는, 이 책에 그림을 그려 주신 윤소정 선생입니다. 사랑할 줄 알고, 호흡할 줄 알고, 공감할 줄 알고, 웃을 줄 알고, 울 줄 알고, 꿈꿀 줄 아는 그녀는, 그녀의 마음은 깊고 아름답습니다. 인연의 힘을 믿는 나는 문득문득 그녀를 통해 정화됨을 느낍니다.

2022. 3. 이주향

차례

비밀의 길 / 10
무지개처럼 서로 다른 우리! / 17
마음은 움직이는 거야 / 20
마음은 마법 같아 / 26
행복한 마음의 씨앗 / 32
마음이 세상을 움직이는 거야 / 38
마음은 어디에 있을까? / 53
동물과 식물에게도 마음이 있을까? / 63
마음이 마음대로 안될 때는! / 70

비밀의 길

"묘묘야, 학교 가야지. 서둘러라."
엄마의 재촉에 묘묘는 책가방을 맸어요.

엄마아빠의 출근 시간에 맞추느라 묘묘는 늘 학교에 일찍 가요.
학교에 온 묘묘는 학교 뒤편으로 가서 **비밀의 길**을 따라 걸었어요.
묘묘만 아는, 묘묘만의 길이죠.
수업이 시작되려면 아직 멀었으니 아주 한가한 시간이에요.

길섶에 핀 보라색 제비꽃에는 아직 이슬이 맺혀 있었어요.
길고양이도 잔디에 웅크리고 앉아 햇볕을 쬐고 있었지요.

"안녕, 무지개야!"

무지개는 길고양이의 이름이에요.
목에 무지개색 목도리를 매고 다녀서 다들 무지개라고 불러요.

모퉁이를 돌자,
"묘묘야!" 초록선생님의 목소리가 들렸어요.
초록선생님은 항상 일찍 와서 학교 안에 있는 나무와 풀을 가꾸시죠.
그래서 초록선생님이라고 불러요. 묘묘가 학교에 오면 가장 먼저 만나는
선생님이에요. 학교 뒤편에 있는 작은 창고를 식물원처럼 꾸며 놓으셨죠.

묘묘는 선생님을 향해 뛰기 시작했어요. 숨을 헐떡이며 초록색 문을 열고
들어서자, 기분 좋은 꽃향기가 가득했어요.

"묘묘가 오늘도 제일 먼저 왔네, 아침 먹었니?"
선생님이 물었어요.
"네, 아 아니 조금만 먹었어요. 늦잠을 잤거든요."
"그러니? 선생님도 아침을 못 먹었는데,
그럼 우리 같이 근사한 아침 식사를 할까?"
선생님은 빵과 우유를 탁자 위로 가져왔어요.
빵 냄새를 맡자 묘묘는 갑자기 기분이 좋아졌어요.
어느새 나타난 무지개가 창틀에 올라
갸르릉거렸어요.

무지개처럼 서로 다른 우리!

"무지개 왔구나!"
선생님은 작은 접시에 우유를 담아 무지개 앞에
놓아주었어요.

"선생님, 그런데 무지개가 어떻게 무지개 목도리를
하게 된 거예요?"
"응, 그건 말이야. 우리 무지개가 친구들과
사이좋게 살겠다는 일종의 표식이야.
고양이도 모양과 색깔이 서로 다르잖아.
우리도 모습도 생각도 서로 다르듯이.

서로의 다름을 인정해 주고
존중해 주는 표식이 무지개니까."

"그럼 하늘에 떠 있는 무지개도 그런 뜻이에요?"
"음, 아마도. 비 온 뒤 햇살이 반짝반짝 빛나면 무지개가 뜨니까,
해와 구름은 서로 다르지만 각자의 역할을 존중하자는 의미가 아닐까?"

그 말을 듣고 나니 우스꽝스럽게만 보이던 무지개 목도리가 꽤 멋지게 보였어요.
갑자기 묘묘는 무지개를 그리고 싶어졌어요.

"선생님, 저 무지개 고양이를 그릴래요.
집에 가서 엄마한테 무지개에 대해 이야기해 주고 싶어요."
고양이는 벌써 우유를 다 먹고 창틀에 앉아 졸고 있었어요.
햇살이 무지개 목도리에 밝게 내렸어요. 묘묘가 그림을 그리는 동안
무지개는 꼼짝 않고 모델이 되어 주었어요.
가끔 눈을 떴다 감았을 뿐이었어요.
"어디 한번 볼까?"
선생님의 말에 묘묘가 스케치북을 들어 올렸어요.
"정말 멋진 그림이구나!"
"이것도 보실래요?"

묘묘는 스케치북을 넘기며 다른 그림을 소개했어요.
"이건 우리 엄마를 그린 거예요. 이건 엄마랑 아빠를 그린 거고,
이건 제가 엄마한테 그려준 하트예요."
"묘묘는 엄마를 많이 좋아하는구나."
"뭐, 쪼금이요. 아니, 사실은……, 엄청 많이 좋아해요. 무한 배만큼이요!"
묘묘는 활짝 웃으며 말했고, 선생님도 따라 웃으며 이렇게 말했어요.

"묘묘의 마음에 항상 엄마가 있구나."

마음은 움직이는 거야

"그런데요, 선생님. 마음이 뭐예요?"
묘묘가 물었어요.
"음……, 묘묘 생각에는 마음이 무엇인 것 같아?"
"모르겠어요. 아까 제가 차에서 내릴 때 엄마가 마음이 안 좋다고
했거든요.

엄마는 정말 이상해요. 바쁘면 막 화를 내요.

나는 학교 가기 전에 도도가 잘 있나 보려고 강아지 집을 들여다본 건데,
엄마는 엘리베이터 안에서 늦었다고 큰소리를 내셨어요.
회사에 늦는다고요. 도도는 제가 잘 챙겨야 한다고 그래놓고는.
으으으~ 얼굴이 이상해져서 아무튼 무서웠어요.
이렇게요!"
묘묘는 도화지 한쪽에 커다랗게 무서운 얼굴을 그렸어요.

선생님은 그림을 들고 한참을 보다가 말했어요.
"그런 일이 있었구나. 그래서 예쁜 엄마 얼굴이 이렇게
이상하게 변했구나! 묘묘야, 사람의 마음은 움직이는 거란다.
하늘의 구름처럼, 일렁이는 파도처럼, 바람처럼,
마음은 날아가기도 하고 흔들리기도 하고
머리 위의 시커먼 구름처럼
누르기도 한단다."

"마음이 어떻게 움직여요?"

묘묘는 엄마의 얼굴을 떠올려 봤어요.

엄마의 웃는 얼굴과 이상한 얼굴도 떠올랐어요.

'엄마의 마음이 움직여서 얼굴도 달라진 건가?
그런데 마음이 도대체 뭐지? 마음은 눈에 보이지도 않는데.
아, 복잡해!'

어느새 친구들이 교문 안으로 들어오기 시작했어요.
선생님도, 묘묘도 밖으로 나와 운동장으로 향했어요.

선생님은 친구들을 맞이하였고,
묘묘는 친구들 틈에 섞여 교실로 들어갔어요.

마음은 마법 같아

수업이 끝나자, 묘묘는 힘껏 달렸어요.
집에서 기다릴 도도가 보고 싶었거든요.
현관문을 열자 도도가 언제나처럼
꼬리를 빠르게 흔들며 달려왔어요.
"도도야, 너 그러다 꼬리 떨어진다?"
가방을 현관에 던져 놓고 묘묘는 도도를 꼭 끌어안았어요.
도도의 털이 묘묘의 볼을 간지럽혔어요.
따뜻하고 기분이 좋아진 묘묘는 도도를 번쩍 들어올렸어요.
무거웠지만 있는 힘을 다해 단단히 껴안았어요.

"으악!"
그런데 그만 도도가 넘어져 버린 거예요.
신이 난 도도가 몸을 이리저리 마구 비트는 바람에
놓치고 말았어요. 그 순간 가슴이 쿵 내려앉았어요.
그때 문득 초록선생님의 말씀이 떠올랐어요.

'휴우~ 진짜 마음이 막 움직이네.'

반가웠던 마음이 놀란 마음이 되었어요.
비틀거리는 도도를 보자 묘묘의 마음은 다시 무거워졌어요.

도도는 요즘 들어 체중이 더 줄고
털빛도 푸석해졌어요.
예전에는 털이 반짝였거든요.

그날 저녁에도 묘묘의 마음은 계속 바뀌었어요.

엄마아빠에게 섭섭함을 느끼다가도
아빠가 다가와 함께 놀아 주고
엄마가 방긋 웃으며 토닥토닥해 주면
다시 기분이 좋아졌어요.

숙제를 할 때도 그랬어요.
수학 문제가 너무 어려워
짜증이 나서 발을 탕탕 구르며 울었는데,
엄마가 와서 문제를 소리 내서 읽어 주니까
너무 쉬워지는 거예요.
금세 기분이 좋아졌어요.

정말 신기했어요.
마법 같았어요.

행복한 마음의 씨앗

다음날 묘묘는 학교에 도착하자마자 초록선생님에게 달려갔어요.

"선생님, 마음이 자꾸자꾸 움직이면 어떻게 돼요?
제 마음이 마구 움직이는 게 느껴졌어요.
그동안은 몰랐는데, 이상하고 또 신기해요."

묘묘가 거친 숨을 몰아쉬며 말했어요.

선생님은 묘묘의 이야기를 듣고
빙그레 웃으며 말했어요.

"묘묘가 마음을 느끼고 있구나.
그런데 묘묘야, 주변 사람들의 태도가 달라지고
환경이 달라져도 마음이 움직이지만,
내 마음이 달라져도 세상이 달라진단다."

선생님은 씨앗을 심으면서 말했어요.

"'행복한 시간의 씨앗'이라고 들어 봤니?
씨앗에서 나중에 예쁜 꽃들이 피어나지?
씨앗이 그 꽃들을 품고 있었던 거지.

'행복한 시간의 씨앗'도 마찬가지야.
그 씨앗을 마음에 많이 심어 두면,
세상이 달리 느껴진단다."

"'행복한 시간의 씨앗'이라구요?"
"그래,
그 씨앗에 대해서는 나중에 또 이야기하자꾸나.
좋은 하루 보내렴!"

마음이 세상을 움직이는 거야

수업이 끝나고 운동장을 걸어 나오다가, 묘묘는
초록정원에서 커다란 밀짚모자를 쓴 선생님을 봤어요.
선생님은 나무에서 열매를 따고 있었어요.
묘묘는 살금살금 선생님 뒤로 다가갔어요.
그런데 선생님은 묘묘가 오는 걸 어떻게 알았는지
고개도 돌리지 않고 손을 뒤로 쭉 뻗어 뭔가를 주었어요.

"묘묘야, 이것 좀 먹어봐."

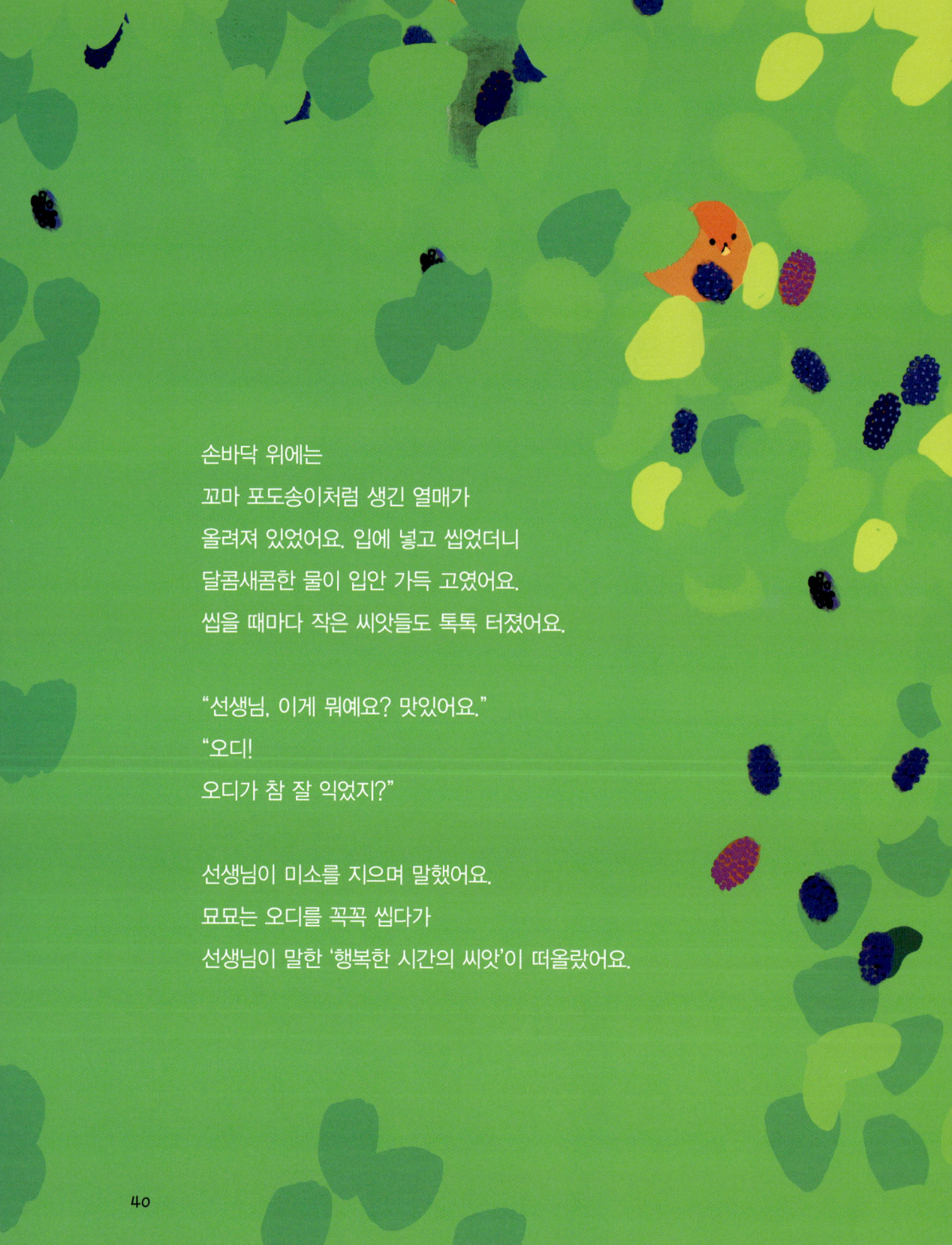

손바닥 위에는
꼬마 포도송이처럼 생긴 열매가
올려져 있었어요. 입에 넣고 씹었더니
달콤새콤한 물이 입안 가득 고였어요.
씹을 때마다 작은 씨앗들도 톡톡 터졌어요.

"선생님, 이게 뭐예요? 맛있어요."
"오디!
오디가 참 잘 익었지?"

선생님이 미소를 지으며 말했어요.
묘묘는 오디를 꼭꼭 씹다가
선생님이 말한 '행복한 시간의 씨앗'이 떠올랐어요.

"선생님, 선생님이 말한 그 씨앗이요.
그 행복 씨앗을 저도 심은 것 같아요.
씨앗을 심으면 마음이 달라진다고 하셨잖아요."

"그랬지! 더 자세히 얘기해 주겠니?"
"좀 전에 제가 화장실을 다녀왔더니 그 사이에
친구들이 다 운동장으로 나간 거예요. 진짜 신경질이 났어요.
핏, 기다려 주지도 않고.
그래서 발을 탕탕 굴렀어요.

그런데 발을 구르다가 갑자기 좋아하는 노래가 생각났어요.
그래서 그 노래를 불렀거든요.
그랬더니 기분이 좋아졌어요.
그래서 나도 운동장에 가서 친구들이랑 놀았어요.
그 노래가 선생님이 말씀하신 그 씨앗 맞아요?"

묘묘가 고개를 갸우뚱하며 물었어요.

"맞아, 묘묘야.
좋아하는 노래가 묘묘의 '행복한 시간의 씨앗'이었네.
마음이 달라지니까 너도 편안하고 친구들도 편안했지?
그렇게 마음이 세상을 움직이는 거란다."

"그런데 마음을 잘 먹기란 쉽지 않은 것 같아요.
어떻게 언제나 마음을 잘 먹을 수 있을까요?"
시무룩한 얼굴로 묘묘가 말했어요.

"우리가 로봇이 아닌데
어떻게 언제나 마음을 잘 먹을 수 있겠니?
그것은 가능한 것도 아니고 바람직한 것도 아니야.
종종 내 마음인데도 불구하고 내 마음대로 되지 않을 때가 있지?
그때 묘묘는 어떻게 하니? 나는 자꾸 눈물이 나던데."

"진짜요? 선생님도 울어요?
우와, 신기하다.
저는 엄마가 우는 건 봤는데요.
다른 어른들이 우는 건 한 번도 못 봤어요."
"그랬구나. 어른들도 속상한 생각이 들면
속상해서 울고, 화날 때도 울고 그런단다."
"저도 그럴 때가 있는데……, 그럴 때는 어떡해요?"

묘묘는 건강이 나빠진 도도를 머리에 떠올렸어요.
그래서 선생님에게 도도 이야기를 하며
걱정이라고 말했어요.

"선생님은 그럴 때 심호흡을 해.
묘묘도 그럴 때가 있으면 심호흡을 해 보렴. 이렇게!"
심호흡을 하는 선생님의 키가 갑자기 커졌어요.
"선생님, 심호흡이 뭐예요? 키가 커지는 거예요?"
묘묘는 까치발을 들며 말했어요.
"정말, 묘묘 말대로 키도 커지네. 숨을 깊이 들이쉬고
천천히 내쉬는 거야.
이제는 가만히 앉아 보겠니?"
묘묘는 선생님 곁에 앉았어요.
"그래, 그렇게. 그렇게 앉아서 눈을 감고 숨에 집중하는 거야.
숨에 집중하면서 깊이 들이쉬고, 숨을 멈추고, 천천히 내쉬는 거야."
"후우……!"

"그래, 그렇게. 나가는 숨에 따라 화도 나가고,
　　불안했던 마음도 나간다.
그러면 마음이 스스로 편안해진단다.
그러는 사이 정말 키가 자랄지도 모르지."

선생님은 미소 가득한 얼굴로 말했어요.

마음은 어디에 있을까?

"그런데 그렇게 매일 움직이는 그 마음이 어디에 있을까? 묘묘는 마음이 어디에 있는 것 같아?"

선생님이 물었어요.

"요기요. 심장에 있는 것 같아요."

묘묘가 가슴을 가리키며 대답했어요.

"왜?"

"슬플 때 엄마가 꼭 안아 주면 기분이 좋아지니까요."

"그래, 심장에도 마음이 있을 거야."

선생님이 말했어요.

"그런데 생각 주머니에 좋은 생각을 담아도 기분이 좋아지는 것 같아요. 제가 떼를 쓰면 엄마는 그냥 울게 내버려 두거든요. 그럴 땐 울어도 소용없다는 생각이 들어요. 그래서 조금 울다가 말고 생각 주머니에서 이야기를 꺼내 혼자 장난감을 가지고 놀아요. 그럼 슬펐던 것도 까먹어요."

"그러니까 묘묘의 마음 안에 생각 주머니가 있고,
생각 주머니 안에 '행복한 시간의 씨앗'들이 있는 거네!

그런데 묘묘는 속상해서 배가 아팠던 적은 없니? 진짜 배가 아파서
아픈 게 아니라 뭔가 하기 싫어서 배가 아픈 적 말이야."
"있어요."
묘묘는 놀란 눈으로 선생님을 쳐다보며 대답했어요.
"시험보는 날 아침에 일어나면 가끔 배가 아파요.
그런데 진짜 아파요. 거짓말이 아니에요."

"응, 진짜 아파. 아픈 거 알아. 선생님도 그러는 걸.
하기 싫은 일이 생기면 진짜 머리가 아픈 걸."

"그럼 하기 싫으니까 배가 아픈 거예요?
그럼 마음이 배에도 있는 거예요? 진짜 웃겨요!"

"그럼! 마음은 배에도 있고 머리에도 있고,
　　심장에도 있고, 온몸에 다 있어.
그래서 누군가가 내 허락 없이,
내 몸을 건드리면 싫은 거야.
마음이 반응하는 거지.
마음은 사랑받고 존중받는 것을 좋아하거든."

묘묘는 선생님의 말씀에 따라 마음이 있는 모든 곳을 만져 보았어요.
머리도, 가슴도 배도…….

"싫은 마음, 섭섭한 마음, 겁나는 마음, 슬픈 마음,
움츠러든 마음, 기쁜 마음, 외로운 마음……,
마음의 색깔은 매우 다양해.
마음은 감정의 놀이터 같은 곳이야."

"……."

"감당하기 힘든 불편한 감정이
마음을 휘저어 어지럽히면
일단 심호흡을 해 봐.
그리고 나서 내 허락도 없이 내 마음속에서
자기 마음대로 놀고 있는 감정의 이름을 찾아내 봐.
슬픔인지, 기쁨인지, 섭섭함인지, 두려움인지…….
그렇게 이름을 찾아내면 신기하게도
내가 그 감정을 따르지 않고
그 감정이 나를 따른단다."

선생님이 말했어요.
"그럼 제가 감정의 대장이 되는 거네요?"
묘묘가 가슴을 쫙 펴며 말했어요.
"맞아! 우선은 연습을 해 보자.
내 마음속에서 노는 감정들이
어떤 것인지 찬찬히 읽어 보는 연습 말이야."
"잘 모르겠어요. 그 연습은 어떻게 해요?"

"마음은 한가한 시간을 좋아한단다.
학교에서, 학원에서 뭔가를 배우는 것도 중요하지?
목표를 가지고 배워야 할 땐 배워야 하지.
그렇지만 가끔씩 목표 없이 한가하게 노는 시간도 필요해.
무엇을 해도 괜찮은, 나만의 시간 말이야.
아무 것도 하지 않아도 편안한 사람만이
하고 싶은 것을 할 수 있단다."

선생님이 말했어요.

"선생님, 그건 자신 있어요!"
묘묘가 환하게 웃으며 답했어요.

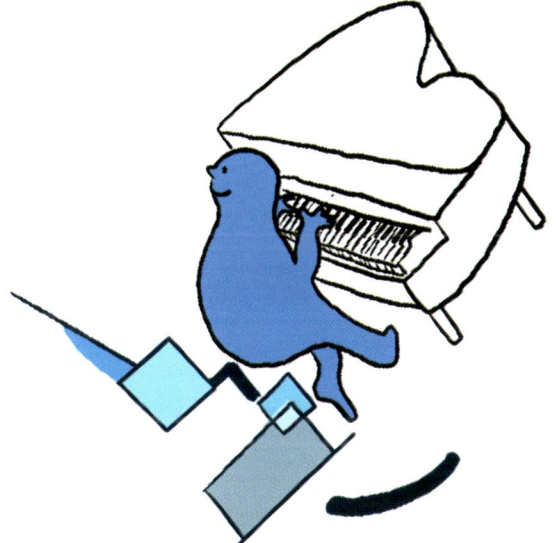

동물과 식물에게도 마음이 있을까?

"선생님 그런데요. 도도에게도 마음이 있을까요?"
며칠 후, 이른 아침에 초록선생님을 찾아간 묘묘가 물었어요.
"묘묘 생각엔 어떨 것 같아? 없는 거 같아?"
선생님이 되물었어요.

"아니요. 도도에게도 마음이 있는 것 같아요.
저는 도도를 좋아하고, 도도는 저를 좋아해요.
도도는 나이가 아주 많아요.
다리가 아파서 보통 때는 잘 안 움직여요.
그런데 제가 학교에서 돌아오면
반갑다고 꼬리를 막 흔들며 달려나와요.
제가 울면 다가와서 손도 핥아 줘요. 울지 말라고요.

제가 학교에 가려고 하면 도도가 울어요.
현관문까지 따라와서 가지 말라고 울어요.
정말로 눈물이 뚝뚝 떨어질 것 같아요.
도도는 말을 못 하지만 저는 다 이해할 수 있어요.
도도도 제 말을 다 이해하는 것 같아요."

묘묘의 말을 귀 기울여 듣던 선생님이 입을 열었어요.
"묘묘와 도도는 좋은 친구구나. 친구가 된다는 것은
서로 마음을 나누는 거잖아."
"그런데 선생님, 저기 울타리에 앉아 있는 저 박새에게도
마음이 있을까요?"
초록정원을 두른 쥐똥나무 울타리에 박새가 앉아 열매를 쪼고 있었어요.
"왜? 없을 것 같아?"
선생님이 되물었어요.
"있을 것 같긴 해요. 제가 오늘 비밀의 길에서 박새를 봤거든요.
친해지고 싶은데 다가가면 날아가요. 도망가요."
"묘묘는 어때? 낯선 사람이 다가와서 놀자고 하면 무조건 놀아 주니?"
"아니요."

"그렇지? 낯선 어른이 다가오면 겁이 나잖아.
겁이 나는 것도 마음의 작용이야.
박새도 마찬가지일 거야.
아직은 낯이 설어 겁이 나서 피하는 거 아닐까?"

선생님은 박새에게 다가가며 말했어요.
이상하게 박새는 날아가지도 않고
계속 열매를 따먹고 있었어요.

"선생님 생각에는 친해지려고 할 때 가장 중요한 것은
이해와 공감이야.
상대를 충분히 이해해야 공감할 수 있는 거지.

묘묘야, 제인 구달 박사를 아니?"
"아, 침팬지 박사님이요?
전에 엄마, 아빠랑 다큐멘터리에서 봤어요."
"맞아, 평생 침팬지를 연구한 선생님, 제인 구달.
그 선생님이 침팬지에 끌려 아프리카까지 갔지만
금방 침팬지와 친해진 것은 아니었대.
 침팬지가 제인을 받아들이는 데
  몇 개월의 시간이 걸렸다고 해.
   친해지고 싶다고 무조건 달려들면,
    상대는 공격하는 줄 알고 방어를 하게 되잖아.
     방어벽을 넘어서지 못하면 마음을 나눌 수 없어."
      "……"

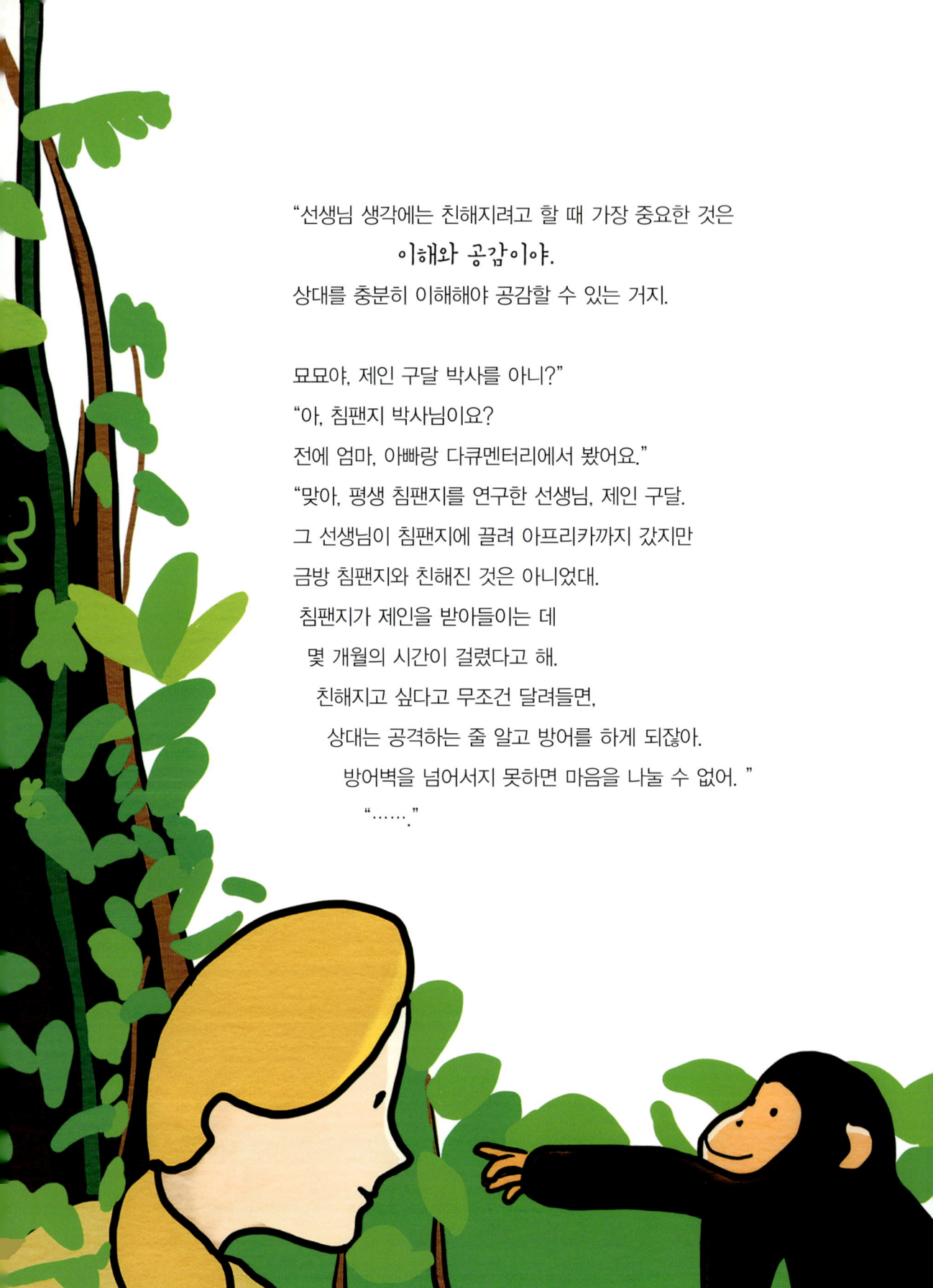

"방어벽을 낮추기 위해
매일매일 선한 눈빛으로
침팬지들을 보고 또 본 거야.
그러면서 침팬지의 생활방식을
이해한 거지.
그렇게 눈높이를 맞추는 시간이 있어야
마음으로 통할 수 있지 않겠니?
우리가 무지개랑 친구가 된 것처럼."

묘묘는 선생님의 이야기를 들으며
침팬지와 멀찍이 떨어져서 따뜻한 눈빛으로 쳐다보는
구달 박사님을 상상해 봤어요.
묘묘는 그 뜻이 무엇인지 어렴풋이 알 것 같았어요.

"아, 그렇구나!
선생님, 문어도 그렇대요.
그것도 다큐멘터리에서 봤는데 세상에는 문어랑 친구가 된 사람도 있대요.
저도 매일매일 **비밀의 길**에서
박새를 보고 또 볼 거예요."

"그런데요, 선생님.
이 오디나무에도 마음이 있을까요?"
묘묘가 물었어요.
"식물의 마음은 훨씬 섬세하니까
우리가 제대로 느끼지 못하는 걸 거야.
인디언 출신의 한 사진작가는 평생 나무만 찍었는데,
그 작가가 나무 사진을 찍을 때는
나무 주위를 뱅뱅 돌며 나무의 허락을 구했대.
어느 때는 나무가 허락해 주지 않아 이틀 동안이나 나무 주위를 돌았대.
그러면 어느 순간 나무가 그에게 공감해서 가장 아름다운 자태를
보여 준다는 거야. 그때 사진을 찍으면 최상의 사진이 나온대.

집에서 키우는 화분도
사랑하는 마음으로 키우면 훨씬 단단하게 자란다고 하잖아.
식물에게도 마음이 있는데 대부분 우리 마음이 거칠어서
식물의 마음과 교감하지 못하는 걸 거야."
선생님이 말할 때, 오후의 햇살이
묘묘와 선생님과 나무와 새들 위에서 반짝였어요.

마음이 마음대로 안될 때는!

며칠이 지난 어느 날이었어요.
묘묘가 퉁퉁 부은 눈으로 초록선생님을 찾아왔어요.
"선생님, 아침에 일어나 보니 도도가 숨을 쉬지 않았어요.
현관을 바라본 채로 세상을 떠났어요.
엄마는 수명을 다해서 그렇다고,
이제는 아프지 않고
하늘나라에서 행복할 거라며 저를 안아 주었어요.
그래도 눈물이 멈추지 않았어요. 저는 도도를 안고 엉엉 울었어요."
묘묘는 다시 울음을 터트렸어요.
"제가 계속 우니까 아빠가 그만 울라고 화를 냈어요.
아빠가 무서웠어요.
울지 않으려고 했는데, 멈출 수가 없었단 말예요.
숨도 잘 안 쉬어지고……, 진짜 힘들었어요."

"울어, 묘묘야. 실컷 울어. 슬프면 우는 거야.
울지 않으려고 하니까 마음이 마음대로 안되는 거야.
보고 싶으면 울 수도 있지. 그게 마음의 길이야."

선생님은 묘묘를 꼭 끌어안고 등을 쓸어 주며 말했어요.
"세상은 마음대로 안되지만,
우리는 마음대로 안되는 세상에서
마음의 길을 배우는 거야."

"묘묘야, 아빠가 그만 울라고 다그쳤을 때 아빠 눈을 봤니?"
선생님이 물었어요.
"아니요, 아빠가 너무 무섭고 미워서 제 방으로 들어가 버렸어요."
"그래, 그랬구나. 아마 아빠도 묘묘의 눈을 보지 못했을 거야.
서로의 마음을 느끼지 못한 거지. 도도를 잃은 슬픔을
묘묘는 눈물로, 아빠는 화로 표현한 것인지도 몰라."
선생님이 묘묘를 바로 세운 후 눈을 보며 말했어요.

"묘묘야, 이야기할 때는 상대의 눈을 보는 거지?
눈을 보고 마음에서 일어나는 감정을 솔직하게 말해 보는 거야.
나는 슬퍼요, 그래서 눈물이 나와요.
그러면 아빠도 토닥토닥해 주실 거야."

"뭔지 알 것 같아요. 엄마하고는 자주 그래요. 엄마랑 손을 잡고
눈을 바라보면서 말해요. 그럼 비밀 이야기도 다 하게 돼요."
"그게 바로 마음과 마음이 만나는 교감이야.
마음은 그렇게 흘러야 하는 거야.
엄마와 묘묘 사이에도 흐르고, 묘묘와 아빠 사이에도 흐르고,
묘묘와 친구들 사이에도 흐르고."
"그런데요, 선생님. 그래도 저는 아빠가 미워요."
묘묘는 아직도 기분이 좋아지지 않았어요.
"묘묘야, 흐르는 마음이 막히지 않고 잘 흐를 수 있도록 하기 위해서는
마음을 가라앉히는 연습이 필요하단다. 심호흡, 기억하지?"
묘묘는 선생님이 가르쳐 주신 심호흡을 해 보았어요.
"그래 그렇게!
울고 싶을 때도 심호흡을 해 보고, 화가 날 때도 심호흡을 해 보고,
너무 기분 좋을 때도 심호흡을 해 보는 거야.
심호흡은 마음을 돌보는 중요한 방법이야.
너무 심하게 화가 날 때는 좀더 오랫동안 해 보는 거지.
그리고 나서 판단하고 행동하면 돼!

내 마음이 편안해야 남의 마음이 보이고,
그래야 마음과 마음이 잘 지낼 수 있거든.
묘묘가 친구들의 마음을 이해하고 존중하면서
잘 지내는 것처럼."

그 날 저녁, 묘묘와 아빠와 엄마는
서로의 눈을 한참 동안 들여다봤어요.

'아빠도 슬픈 거죠? 그래서 화를 내신 거죠?'

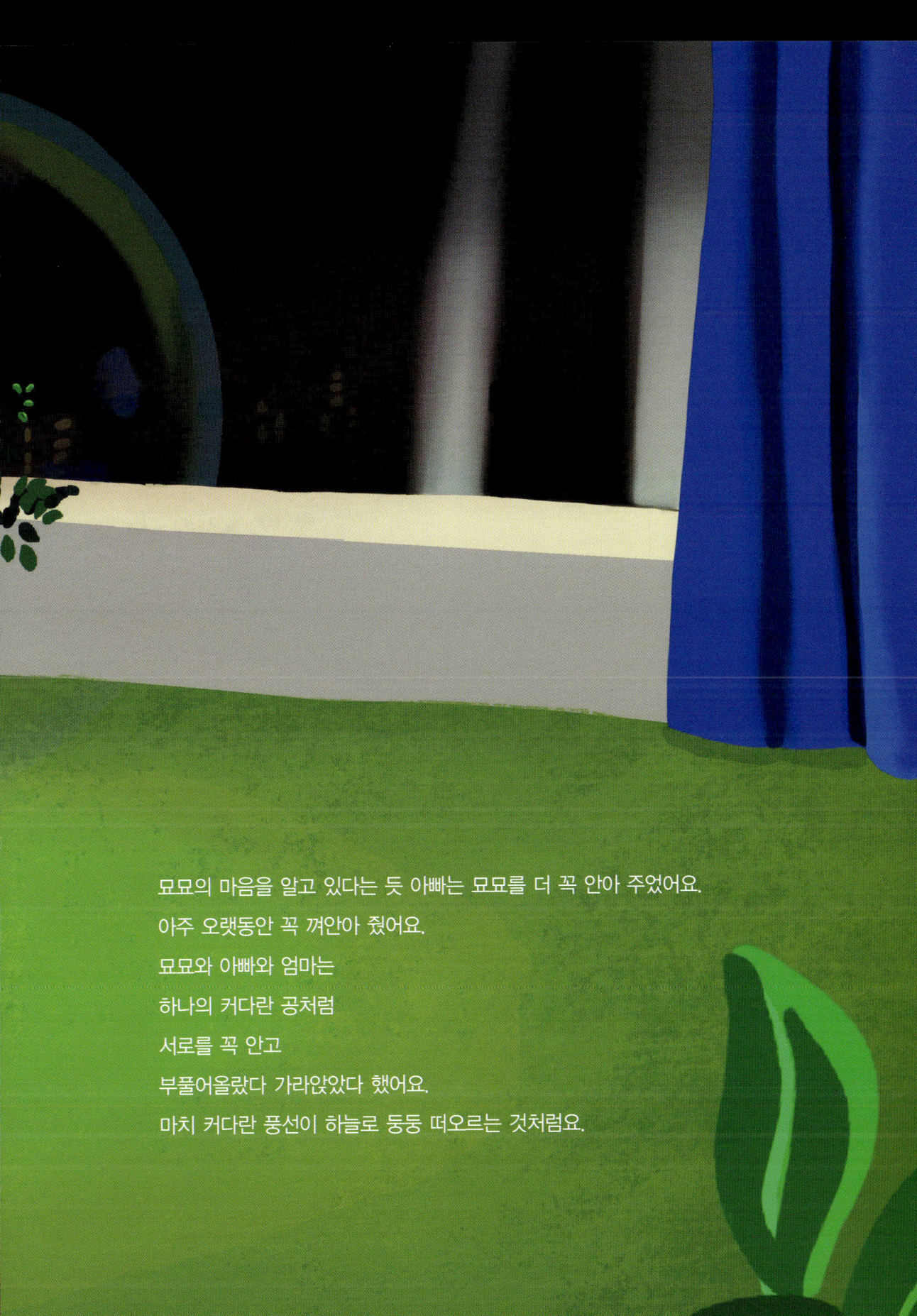

묘묘의 마음을 알고 있다는 듯 아빠는 묘묘를 더 꼭 안아 주었어요.
아주 오랫동안 꼭 껴안아 줬어요.
묘묘와 아빠와 엄마는
하나의 커다란 공처럼
서로를 꼭 안고
부풀어올랐다 가라앉았다 했어요.
마치 커다란 풍선이 하늘로 둥둥 떠오르는 것처럼요.

하늘로 떠오른 커다란 공은 도도가 있는 하늘까지 닿았어요.
그날 밤,
하늘은 더 반짝였어요.

하늘을 가득 채울 만큼 커다란
마음과 마음이 만났기 때문이에요.